www.ingramcontent.com/pod-product-compliance
Lightning Source LLC
LaVergne TN
LVHW010423070526
838199LV00064B/5406
9789369085538

نمازوں میں رکعات کی مسنون تعداد

کامران طاہر

مرتبہ : اعجاز جبید

© Taemeer Publications LLC

NamazoN mein Rakaat ki masnoon t'adaad
by: Kamran Tahir
Edition: February '2025
Publisher :
Taemeer Publications LLC (Michigan, USA / Hyderabad, India)

ISBN 978-93-6908-553-8
9 789369 085538

مصنف یاناشر کی پیشگی اجازت کے بغیر اس کتاب کا کوئی بھی حصہ کسی بھی شکل میں بشمول ویب سائٹ پر اَپ لوڈنگ کے لیے استعمال نہ کیا جائے۔ نیز اس کتاب پر کسی بھی قسم کے تنازع کو نمٹانے کا اختیار صرف حیدر آباد (تلنگانہ) کی عدلیہ کو ہو گا۔

کتاب	:	**نمازوں میں رکعات کی مسنون تعداد**
مصنف	:	**کامران طاہر**
ترتیب و تدوین	:	اعجاز عبید
صنف	:	مذہب
ناشر	:	تعمیر پبلی کیشنز (حیدر آباد، انڈیا)
سالِ اشاعت	:	۲۰۲۵ء
صفحات	:	۳۰
سرورق ڈیزائن	:	تعمیر ویب ڈیزائن

نمازِ پنجگانہ کی رکعات کی صحیح تعداد کے متعلق عام طور پر عامۃ الناس میں مختلف آرا پائی جاتی ہیں جیسے عشاء کی نماز کی ، ارکعات وغیرہ اور پھر ان رکعات کے مؤکدہ اور غیر مؤکدہ نوافل کے تعین کا مسئلہ بھی زیر بحث رہتا ہے ۔ ذیل میں افادۂ عام کے لیے نمازِ پنجگانہ کے مؤکدہ اور غیر مؤکدہ نوافل اور فرائض کی صحیح تعداد کو دلائل کے ساتھ پیش کر دیا گیا ہے ۔

فرائض

جمعہ کے علاوہ ہر دن کی پانچ نمازوں کے فرائض کی تعداد کل ۱۷ ہے جو احادیثِ صحیحہ اور اُمت کے عملی تواتر سے ثابت ہیں۔

سنتِ مؤکدہ

اسی طرح نمازوں کے فرائض سے پہلے یا بعد کے نوافل جو آپ ﷺ کی عادت اور معمول تھا یا پھر آپ ﷺ سے ان کی تاکید و ترغیب بھی منقول ہے، ان کی تعداد کم از کم ۱۲ ہے۔ ان میں سے ۱۲ نوافل کے بارے میں سیدہ اُم حبیبہؓ فرماتی ہیں:

«سمعتُ رسولَ اللهِ ﷺ یقول: «من صلّی اثنتي عشرۃ رکعۃ في یوم ولیلۃ بُنيَ لہ بھن بیت في الجنۃ»۱

''میں نے رسول اللہ ﷺ سے سنا کہ جو شخص دن اور رات میں ۱۲ رکعات پڑھ لے، اُن کی وجہ سے اس کے لئے جنت میں ایک محل بنا دیا جاتا ہے۔''

آپ ﷺ نے فرمایا:

«من صلى في يوم وليلة ثنتي عشرة ركعة بنى له بيت في الجنة أربعًا قبل الظهر وركعتين بعدها وركعتين بعد المغرب وركعتين بعد العشاء وركعتين قبل صلاة الغداة»[۲]

''جس نے رات اور دن میں ۱۲ رکعت (نوافل) ادا کیے، جنت میں اس کے لئے گھر بنا دیا جاتا ہے: چار رکعت قبل از ظہر، دو بعد میں، دو رکعت مغرب کے بعد، دو عشاء کے بعد اور دو صبح کی نماز کے بعد۔''

فجر

تعداد رکعات: ۴ (۲ نفل + ۲ فرض)

نوافل

اُمّ المومنین سیدہ حفصہؓ فرماتی ہیں:

«كان إذا سكت المؤذن من الأذان لصلاة الصبح، وبدأ الصبح، ركع ركعتين خفيفتين قبل أن تقام الصلاة»[۳]

''جب مؤذن اذان کہہ لیتا اور صبح صادق شروع ہو جاتی تو آپ صلی اللہ علیہ وآلہ وسلم جماعت کھڑی ہونے سے پہلے مختصر سی دو رکعتیں پڑھتے۔''

فرائض

سیدنا ابو برزہ اسلمیؓ سے روایت ہے کہ آپ صلی اللہ علیہ وآلہ وسلم صبح کی نماز پڑھاتے:

«وكان يقرأ في الركعتين وأحدهما ما بين الستين إلىٰ المائة»[۴]

''آپ صلی اللہ علیہ وآلہ وسلم دو رکعتوں یا کسی ایک میں ۶۰ سے ۱۰۰ تک آیات تلاوت فرماتے تھے''

* آپ صلی اللہ علیہ وآلہ وسلم سے فجر کے فرائض سے پہلے دو رکعت نماز پر مداومت یعنی ہمیشگی ثابت ہے جیسا کہ سیدہ عائشہؓ فرماتی ہیں:

«إن النبي ﷺ لم يكن على شيء من النوافل أشد معاهدة منه علىٰ ركعتين قبل الصبح»[۵]

''بیشک نبی صلی اللہ علیہ وآلہ وسلم نوافل میں سے سب سے زیادہ اہتمام صبح کی سنتوں کا کرتے تھے۔''

ظہر

زیادہ سے زیادہ رکعات : ۱۲ (۲ یا ۴ نفل + ۴ فرض + ۲ یا ۴ نفل)

نوافل

* سیدہ عائشہؓ فرماتی ہیں :

«كان يصلي في بيت قبل الظهر أربعًا ثم يخرج فيصلي بالناس ثم يدخل فيصلي ركعتين»٦

''آپ صلی اللہ علیہ وآلہ وسلم میرے گھر میں ظہر سے پہلے چار رکعات نوافل ادا کرتے اور لوگوں کو نماز پڑھانے کے بعد گھر واپس آ کر دو رکعات پڑھتے تھے۔''

* سیدنا ابن عمر فرماتے ہیں :

«صلّيت مع النبي سجدتين قبل الظهر والسجدتين بعد الظهر»٧

''میں نے نبی صلی اللہ علیہ وآلہ وسلم کے ساتھ دو رکعت نوافل ظہر سے پہلے اور دو ظہر کی نماز کے بعد پڑھے۔''

* سیدہ اُمّ حبیبہؓ سے روایت ہے کہ آپ ﷺ نے فرمایا:

«من حافظ على أربع ركعات قبل الظهر وأربع بعدها حرم على النار»٨

''جو شخص ظہر سے قبل اور بعد چار چار رکعات نوافل کا اہتمام کرے، وہ آگ پر حرام ہو جائے گا۔''

* مذکورہ بالا روایات سے ظہر کی سنتوں کے بارے میں پتہ چلا کہ وہ زیادہ سے زیادہ ١٢ ہیں اور ان میں کم از کم ٤ رکعات نوافل مؤکدہ ہیں۔ جیسا کہ سیدہ عائشہ صدیقہؓ فرماتی ہیں:

«إن النبي كان لا يدع أربعًا قبل الظهر وركعتين قبل الغداة»٩

''نبی ﷺ ظہر سے پہلے کی چار رکعات اور فجر سے پہلے کی دو رکعات کبھی نہ چھوڑتے۔''

فرائض

سیدنا ابو قتادہؓ سے روایت ہے:

«أن النبي كان يقرأ في الظهر في الأوليين بأمّ الكتاب وسورتين وفي الركعتين الأخريين بأمّ الكتاب...الخ»[١٠]

''بے شک نبی صلی اللہ علیہ وآلہ وسلم ظہر کی پہلی دو رکعتوں میں سورۂ فاتحہ اور ایک ایک سورت پڑھتے اور آخری دو رکعتوں میں سورہ فاتحہ پڑھتے...الخ''

عصر

تعداد رکعات : ۱۰ (۴ نفل + ۴ فرض + ۲ نفل)

نوافل

*سیدنا علیؓ سے روایت ہے :

«كان النبي يصلي قبل العصر أربع ركعات»

''نبی صلی اللہ علیہ وآلہ وسلم عصر سے پہلے چار رکعات نوافل ادا کرتے تھے۔''[۱۱]

*ابن عمرؓ سے روایت ہے آپ صلی اللہ علیہ وآلہ وسلم نے فرمایا :

«رحم الله امرأ صلى قبل العصر أربعًا»[۱۲]

''اللہ تعالیٰ اس پر رحمت فرمائیں جو عصر کی نماز سے قبل چار رکعات پڑھے۔''

* سیدنا ابو سعید خدریؓ سے روایت ہے، فرماتے ہیں:

«كنا نحزر قيام رسول الله في الظهر والعصر...وحزرنا قيامه في الركعتين الأولیين من العصر على قدر قيامه من الأخريين من الظهر وفي الأخريين من العصر على النصف من ذلك»[13]

''ہم رسول اللہ ﷺ کے ظہر اور عصر کے قیام کا اندازہ لگایا کرتے تھے... عصر کی نماز کی پہلی دو رکعتوں کے قیام کا اندازہ اس طرح کرتے کہ وہ ظہر کی آخری دو رکعتوں کے قیام کے برابر ہوتا اور آخری دو رکعتوں کا قیام عصر کی پہلی دو رکعتوں سے نصف ہوتا تھا۔''

* سیدہ عائشہؓ فرماتی ہیں:

«ما ترك النبي ﷺ السجدتين بعد العصر عندي قط»[14]

''آپ ﷺ نے میرے پاس کبھی بھی عصر کے بعد دو رکعت نوافل پڑھنا ترک نہیں کیے۔''

٭عصر کی فرض نماز سے پہلے چار رکعت نوافل آپ ﷺ سے ثابت ہیں، کیونکہ اس پر آپ ﷺ کا دوام ثابت نہیں، اس لیے یہ نوافل مؤکدہ نہیں ہیں۔

سیدنا علیؓ فرماتے ہیں:

«يصلي قبل الظهر أربعًا وبعدها ركعتين وقبل العصر أربعًا يفصل بين كل ركعتين بالتسليم»[۱۵]

''اور نبی کریم ﷺ نے ظہر سے پہلے چار رکعت نوافل ادا کیے اور دو بعد میں اسی طرح چار رکعت نوافل عصر کی نماز سے پہلے ادا کیے اور آپ ﷺ نے ہر دو رکعت کے بعد سلام پھیرا۔''

٭یاد رہے کہ ظہر اور عصر کے پہلے چار چار نوافل کو دو دو رکعت کر کے پڑھنا سنت ہے جیسا کہ مذکورہ روایت سے ثابت ہوتا ہے۔

مغرب

تعدادِ رکعات: ۵ (۳ فرض + ۲ نفل)

فرائض

سیدنا عبداللہ بن عمر سے روایت ہے:

«جمع رسول االله ﷺ بين المغرب والعشاء بجمع، صلى المغرب ثلاثًا والعشاء ركعتين بإقامة واحدة»[16]

''رسول اللہ صلی اللہ علیہ وآلہ وسلم نے (سفر میں) مغرب اور عشاء کو ایک ہی وقت میں جمع کیا۔ آپ نے مغرب کی تین رکعت اور عشاء کی دو رکعتیں ایک ہی اقامت سے پڑھائیں۔''

نوافل

سیدہ عائشہؓ نبی صلی اللہ علیہ وآلہ وسلم کی فرض نمازوں سے پہلے اور بعد کے نوافل بیان کرتے ہوئے فرماتی ہیں: «وكان يصلي بالناس المغرب ثم يدخل فيصلي ركعتين»[17]

''آپ لوگوں کو مغرب کی نماز پڑھاتے پھر میرے گھر میں داخل ہوتے اور دو رکعت نماز نوافل ادا کرتے۔''

نوٹ : مغرب کی نماز سے پہلے دو رکعت نفل بھی آپ ﷺ سے ثابت ہیں۔

عبداللہ مزنی سے روایت ہے کہ «إن رسول االلهصلى قبل المغرب ركعتين»[18]

''رسول اللہ ﷺ نے مغرب کی نماز سے پہلے دو رکعت نفل ادا کیے۔''

لیکن یہ دو رکعت مؤکدہ نہیں ہیں۔ عبداللہ مزنی سے ہی روایت ہے کہ آپ ﷺ نے فرمایا :

«صلوا قبل صلاة المغرب» قال في الثالثة: «لمن شاء» كراهية أن يتخذها الناس سنة»[19]

''مغرب کی نماز سے پہلے دو رکعت پڑھو تین دفعہ فرمایا اور تیسری مرتبہ فرمایا جو چاہے۔ تاکہ کہیں لوگ اسے مؤکدہ نہ سمجھ لیں۔''

عشاء

تعداد رکعات کم از کم ایک وتر : ۷ (۴ فرض + ۲ نفل + ۱ وتر)

فرائض

سیدنا عمرؓ نے سیدنا سعدؓ سے اہل کوفہ کی شکایت کے بارے میں پوچھا کہ آپ نماز اچھی طرح نہیں پڑھاتے تو آپ نے جواب دیا:

«أما أنا واالله فإني كنت أصلي بهم صلاة رسول االله ﷺ ، ما أخرم عنها، أصلي صلاة العشاء فأركد في الأولیین، وأخف في الأخریین قال: ذلك الظن بك یا أباإ سحٰق»۲۰

''اللہ کی قسم! میں اُنہیں نبی ﷺ کی نماز کی طرح ہی نماز پڑھاتا تھا اور اس سے بالکل کوتاہی نہ کرتا تھا۔ میں عشاء کی نماز جب پڑھاتا تو پہلی دو رکعتوں کو لمبا کرتا اور آخری دو رکعتوں کو ہلکا کرتا۔ سیدنا عمرؓ فرمانے لگے: اے ابواسحٰق! تمہارے بارے میں میرا یہی گمان تھا۔''

نوافل

عشاء کی فرض نماز کے بعد نبی ﷺ سے ۲ اور ۴ نوافل پڑھنے کا ثبوت ملتا ہے

* سیدنا عبداللہ بن عمر کہتے ہیں:

«صلیت مع النبي... وسجدتین بعد العشاء... الخ»۲۱

''میں نے نبی صلی اللہ علیہ وآلہ وسلم کے ساتھ... عشاء کے بعد دو رکعات نماز پڑھی۔''

* سیدنا ابن عباس فرماتے ہیں:

''میں نے اپنی خالہ میمونہؓ کے گھر میں ایک رات گزاری: «فصلى رسول الله ﷺ العشاء ثم جاء فصلى أربع ركعات ثم نام»[٢٢]

''آپ صلی اللہ علیہ وآلہ وسلم نے عشا کی نماز پڑھائی، پھر گھر آئے اور چار نوافل ادا کئے اور سو گئے''

* نبی صلی اللہ علیہ وآلہ وسلم کے عام حکم «بين كل أذانين صلاة، بين كل أذانين صلاة» ثم قال في الثالثة «لمن شاء»[٢٣]

''آپ صلی اللہ علیہ وآلہ وسلم نے فرمایا: ہر دو اذانوں (اذان اور اقامت) کے درمیان نماز ہے، ہر دو اذانوں کے درمیان نماز ہے۔ تیسری دفعہ آپ صلی اللہ علیہ وآلہ وسلم نے فرمایا جو چاہے۔''

سے ثابت ہوتا ہے کہ ہر فرض نماز سے پہلے دو رکعت نماز کی ترغیب ہے۔ لہذا اس مشروعیت کے مطابق عشاء کی نماز سے پہلے دو رکعت نوافل ادا کئے جا سکتے ہیں۔

* وتر کے بعد دو سنتیں پڑھنا آپ صلی اللہ علیہ وآلہ وسلم سے ثابت ہے جیسا کہ اُمّ سلمہ سے روایت ہے :

«أن النبي كان يصلي بعد الوتر ركعتين»[۲۴]

''آپ صلی اللہ علیہ وآلہ وسلم وتر کے بعد دو رکعت نوافل ادا کرتے تھے۔''

وِتر

آپ صلی اللہ علیہ وآلہ وسلم کی قولی و فعلی احادیث سے ایک ، تین ، پانچ ،سات اور نو رکعت وتر ثابت ہیں۔

* سیدنا ایوب انصاریؓ سے روایت ہے کہ آپ صلی اللہ علیہ وآلہ وسلم نے فرمایا :

«الوتر حق على كل مسلم، فمن أحب أن يوتر بخمس فليفعل، ومن حب أن يوتر بثلاث فليفعل، ومن أحب أن يوتر بواحدة فليفعل»[۲۵]

''وتر ہر مسلمان پر حق ہے۔ چنانچہ جو پانچ وتر ادا کرنا پسند کرے وہ پانچ پڑھ لے اور جو تین وتر پڑھنا پسند کرے وہ تین پڑھ لے اور جو ایک رکعت وتر پڑھنا پسند کرے تو وہ ایک پڑھ لے۔''

* سیدہ اُمِّ سلمہؓ فرماتی ہیں : « كان رسول االله يوتر بسبع أو بخمس... الخ »۲۶

''رسول اللہ صلی اللہ علیہ وآلہ وسلم سات یا پانچ وتر پڑھا کرتے تھے۔''

وِتر پڑھنے کا طریقہ

۱. تین وتر پڑھنے کے لئے دو نفل پڑھ کر سلام پھیرا جائے اور پھر ایک وتر الگ پڑھ لیا جائے۔ سیدہ عائشہؓ سے روایت ہے :

«كان يوتر بركعة وكان يتكلم بين الركعتين والركعة»۲۷

''آپؐ ایک رکعت وتر پڑھتے جبکہ دو رکعت اور ایک کے درمیان کلام کرتے۔''

مزید سیدنا ابن عمر کے متعلق ہے کہ

«صلىٰ ركعتين ثم سلم ثم قال: أدخلوا إليّ ناقتي فلانة ثم قام فأوتر بركعة»۲۸

''اُنھوں نے دو رکعتیں پڑھیں پھر سلام پھیر دیا۔ پھر کہا کہ فلاں کی اونٹنی کو میرے پاس لے آؤ پھر کھڑے ہوئے اور ایک رکعت وتر ادا کیا۔''

۲۔ پانچ وتر کا طریقہ یہ ہے کہ صرف آخری رکعت میں بیٹھ کر سلام پھیرا جائے۔ سیدہ عائشہؓ فرماتی ہیں : «كان رسول الله ﷺ يصلي من الليل ثلاث عشرة ركعة، يوتر من ذلك بخمس، لا يجلس في شيء إلا في آخرها» ۲۹

"رسول اللہ رات کو تیرہ رکعت نماز پڑھا کرتے تھے۔ ان میں سے پانچ وتر ادا کرتے اور ان میں آخری رکعت ہی پر بیٹھتے تھے۔"

۳۔ سات وتر کے لئے ساتویں پر سلام پھیرنا :

سیدہ عائشہؓ سے ہی مروی ہے کہ سیدہ اُمّ سلمہؓ فرماتی ہیں کہ «كان رسول الله ﷺ يوتر بسبع وبخمس لا يفصل بينهن بتسليم ولا كلام» ۳۰

"نبی ﷺ سات یا پانچ وتر پڑھتے ان میں سلام اور کلام کے ساتھ فاصلہ نہ کرتے۔"

۴۔ نو وتر کے لئے آٹھویں رکعت میں تشہد بیٹھا جائے اور نویں رکعت پر سلام پھیرا جائے۔ سیدہ عائشہؓ نبی ﷺ کے وتر کے بارے میں فرماتی ہیں : «ويصلي

تسع ركعات لا يجلس فيها إلا في الثامنة ... ثم يقوم فيصلي التاسعة» ٣١

''آپ صلی اللہ علیہ وآلہ وسلم نو رکعت پڑھتے اور آٹھویں رکعت پر تشہد بیٹھتے...پھر کھڑے ہو کر نویں رکعت پڑھتے اور سلام پھیرتے۔''

قنوتِ وتر : آخری رکعت میں رکوع سے پہلے دعائے قنوت پڑھنا راجح ہے۔

سیدنا اُبی بن کعبؓ سے روایت ہے :

«أن رسول الله كان يوتر فيقنت قبل الركوع» ٣٢

''بے شک رسول اللہ صلی اللہ علیہ وآلہ وسلم وتر پڑھتے تو رکوع سے پہلے قنوت کرتے تھے۔''

وتر کی دعا : «اَللّٰهُمَّ اهْدِنِيْ فِيْمَنْ هَدَيْتَ وَعَافِنِيْ فِيْمَنْ عَافَيْتَ وَتَوَلَّنِيْ فِيْمَنْ تَوَلَّيْتَ وَبَارِكْ لي فِيْمَا اَعْطَيْتَ وَقِنِيْ شَرَّ مَاقَضَيْتَ فَإنَّكَ تَقْضِيْ وَلَا يُقْضٰى عَلَيْك إنَّه لَا يَذِلُّ مَنْ وَّالَيْتَ وَلَا يَعِزُّ مَنْ عَادَيْتَ تبَارَكْتَ رَبَّنَا وَتَعَالَيْتَ»

''اے اللہ! مجھے ہدایت دے ان لوگوں کے ساتھ جنہیں تو نے ہدایت دی، مجھے عافیت دے ان لوگوں کے ساتھ جنہیں تو نے عافیت دی، مجھ کو دوست بنا

ان لوگوں کے ساتھ جنہیں تو نے دوست بنایا۔ جو کچھ تو نے مجھے دیا ہے اس میں برکت عطا فرما اور مجھے اس چیز کے شر سے بچا جو تو نے مقدر کر دی ہے، اس لئے کہ تو حکم کرتا ہے، تجھ پر کوئی حکم نہیں چلا سکتا۔ جس کو تو دوست رکھے وہ ذلیل نہیں ہو سکتا اور جس سے تو دشمنی رکھے وہ عزت نہیں پا سکتا۔ اے ہمارے ربّ! تو برکت والا ہے، بلند و بالا ہے۔'' ۳۳

نمازِ جمعہ کی رکعات

نوافل

نمازِ جمعہ سے پہلے دو رکعت نوافل ادا کیے جاتے ہیں، جیسا کہ ارشادِ نبوی ﷺ ہے:

«إذا جاء أحدكم يوم الجمعة والإمام يخطب فليركع ركعتين» ۳۴

''جب تم میں کوئی جمعہ کے دن آئے اور امام خطبہ دے رہا ہو تو وہ دو رکعتیں ادا کرے''

یہ جمعہ کے کوئی مخصوص نوافل نہیں ہیں بلکہ آپ ﷺ کے دوسرے عام حکم :

«إذا دخل أحدكم في المسجد لا يجلس حتى يصلي ركعتين»[35]

''جب تم میں سے کوئی مسجد میں آئے تو دو رکعت نماز پڑھے بغیر نہ بیٹھے۔''

کے مطابق یہ تحیۃ المسجد کے نوافل ہیں۔

نوٹ : جمعہ کے فرائض سے پہلے نوافل کی تعداد محدود نہیں ہے۔ اِستطاعت کے مطابق جتنے کوئی پڑھ سکے، پڑھ سکتا ہے، جس کی دلیل آپ ﷺ کا فرمان :

«من اغتسل ثم أتىٰ الجمعة فصلى ما قدر له»[36] ''جو شخص غسل کرے پھر وہ جمعہ کے لیے آئے تو جتنی اس کے مقدر میں نماز ہو ادا کرے...'' ہے۔

اس سے ثابت ہوا جمعہ سے پہلے نوافل کی مقدار متعین نہیں جتنی توفیق ہو پڑھ سکتا ہے۔

اسی طرح جمعہ کے بعد آپ ﷺ سے زیادہ سے زیادہ ۶ رکعات نوافل ثابت ہیں۔ جس سے متعلق اَحادیث درج ذیل ہیں :

۱. ابن عمر کے بارے میں وارد ہے کہ

«إذا كان بمكة فصلى الجمعة تقدم فصلى ركعتين،ثم تقدم فصلى أربعًا، وإذا كان بالمدينة صلى الجمعة، ثم رجع إلىٰ بيته فصلى الركعتين، ولم يصل في المسجد فقيل له فقال: كان رسول الله ﷺ يفعل ذلك»٣٧

''جب وہ مکہ میں ہوتے تو جمعہ پڑھ کی دو رکعت ادا کرتے۔ پھر چار رکعات ادا کرتے اور جب مدینہ میں ہوتے تو جمعہ پڑھتے اور گھر جا کر دو رکعت پڑھتے، مسجد میں کچھ نہ پڑھتے۔ اُن سے پوچھا گیا تو فرمایا : رسول اللہ صلی اللہ علیہ وآلہ وسلم اسی طرح کیا کرتے تھے۔''

۲. آپ صلی اللہ علیہ وآلہ وسلم نے فرمایا :

«إذا صلى أحدكم الجمعة فليصل بعدها أربع ركعات»

''جب تم میں سے کوئی نمازِ جمعہ ادا کرے تو اس کے بعد چار رکعات اَدا کرے۔''

دوسری حدیث کے تحت سہیل کہتے ہیں کہ

''اگر جلدی ہو تو دو رکعت مسجد میں اور دو گھر میں پڑھ لے۔''۳۸

۳. عبد اللہ بن عمرؓ فرماتے ہیں :

«كان رسول االلّٰه كان يصلي بعد الجمعة ركعتين في بيته» ٣٩

''بے شک رسول ﷺ جمعہ کے بعد اپنے گھر میں دو رکعت نماز ادا کرتے تھے۔''

نوٹ: مندرجہ بالا احادیث سے جمعہ کے بعد کے نوافل کی درج ذیل صورتیں سامنے آئیں:

١. ٦ رکعات نوافل مسجد میں ادا کر لیے جائیں۔

٢. ۴ رکعت میں مسجد میں ادا کر لیے جائیں۔

٣. دو رکعت مسجد میں اور دو رکعت گھر میں پڑھ لی جائیں۔

۴. دو رکعت گھر میں ادا کر لی جائیں اور مسجد میں کچھ نہ پڑھا جائے۔

فرائض

جمعہ کے فرائض دو رکعت ہیں۔ آپ ﷺ نے فرمایا:

«من أدرك من الجمعة ركعة فليصلي إليها أخرى» ۴٠

"جو شخص جمعہ سے ایک رکعت پالے تو اس کے ساتھ دوسری آخری رکعت ملا لے۔"

اس حدیث سے ثابت ہوا کہ نمازِ جمعہ کے فرائض صرف دو رکعات ہیں۔ جو اس دن ظہر کی نماز کے متبادل ہو جائیں گے اور ظہر کی نماز پڑھنے کی ضرورت نہیں ہے۔

★★

حوالہ جات

۱۔ صحیح مسلم : ۷۲۸

۲۔ سنن ترمذی : ۴۱۵

۳۔ صحیح مسلم : ۷۲۳

۴۔ صحیح بخاری : ۷۷۱

۵۔ صحیح مسلم : ۷۲۴

۶۔ صحیح مسلم : ۷۳۰

۷۔ صحیح بخاری : ۱۱۷۲

۸۔ سنن ابوداود : ۱۲۶۹

۹۔ صحیح بخاری : ۱۱۸۲

۱۰۔ ایضاً : ۶۶۷

۱۱۔ سنن ترمذی : ۴۲۹

۱۲۔ سنن ابوداؤد : ۱۲۷۱، سنن ترمذی ۴۳۰

۱۳۔ صحیح مسلم : ۴۵۲

۱۴۔ صحیح بخاری : ۵۹۱

۱۵۔ سنن ترمذی : ۵۹۸

۱۶۔ صحیح مسلم : ۱۲۸۸

۱۷۔ ایضاً : ۷۳۰

۱۸۔ ابن حبان : ۱۵۸۶، قیام اللیل للمروزی، ص ۶۴

۱۹۔ صحیح بخاری : ۱۱۸۳

۲۰۔ صحیح بخاری : ۷۵۵

۲۱۔ ایضاً : ۱۱۷۲

۲۲۔ ایضاً : ۶۹۷

۲۳۔ ایضاً ۲۷

۲۴۔ سنن ترمذی : ۴۷۱

۲۵۔ سنن ابوداوٗد : ۱۴۲۲

۲۶۔ سنن ابن ماجہ : ۱۱۹۲

۲۷۔ مصنف ابن ابی شیبہ : ۶۸۰۶

۲۸۔ صحیح مسلم : ۷۳۷

۲۹۔ سنن ابن ماجہ : ۱۱۹۲

۳۰۔ صحیح مسلم : ۷۴۶

۳۱۔ رکوع کے بعد قنوتِ وتر سے متعلقہ حدیث جو کہ السنن الکبری للبیھقی : ۳٫۳۸، ۳۹اور مستدرک حاکم : ۳٫۲۷۱میں ہے۔ اس کی سند پر محدثین نے کلام کیا ہے۔ البتہ قنوتِ نازلہ پر قیاس کرتے ہوئے رکوع کے بعد قنوتِ وتر پڑھنا جائز ہے۔ جیسا کہ قنوتِ وتر میں قنوتِ نازلہ پر قیاس کرتے ہوئے دعا کے لیے ہاتھ اٹھانا جائز ہے۔

۳۲۔ سنن ابن ماجہ : ۱۱۸۲

۳۳۔ سنن ترمذی : ۴۶۴، بیھقی : ۲۰۹۲

۳۴۔ سنن ابوداؤد : ۹۸۸

۳۵۔ صحیح بخاری : ۱۱۶۳

۳۶۔ صحیح مسلم : ۸۵۷

۳۷۔ سنن ابوداؤد : ۱۱۳۰

۳۸۔ صحیح مسلم : ۸۸۱

۳۹۔ سنن نسائی : ۱۴۲۹

۴۰۔ سنن ابن ماجہ : ۱۱۲۱

★★★

ماخذ :

ماہنامہ محدث، لاہور۔ شمارہ ۳۴۸

جون ۲۰۱۱ء